하심下心

이든시인선 002

국립중앙도서관 출판시도서목록(CIP)

하심 : 서정교 시조집 / 지은이: 서정교. -- 대전 : 이든북, 2016
  p. ;   cm. -- (이든시인선 ; 002)

한자표제: 下心
한국문화예술위원회, 충청북도, 충북문화재단의 지역협력형 사업으로 지원받아 발간되었음
ISBN 979-11-958684-3-8. 03810 ₩9000

한국 현대 시조[韓國現代時調]

811.36-KDC6
895.715-DDC23   CIP2016023128

하심下心

서정교 시조집

이든북

책을 내면서

우리나라 사람들은 5년, 10년 등 숫자 5라는 주기를 좋아한다. 아직도 전국 각지에서는 5일장의 풍경으로 하여 추억을 만나고 사람 사는 정을 볼 수 있어 행복한 것은 시골내기라 그럴 것이다.

지난 2005년 첫 시조집을 발간 후 다시 10년만에 두 번째 시조집을 내게 됐다. 시를 쓰면 쓸수록 두려움은 커지는 반면 작품의 깊이는 점점 얄팍해 지는 건 왜일까.

남들은 겸손이라며 손사래를 치지만 마음은 늘 허전하다.

이번 시조집은 하심下心으로 제목을 정했다. 불교 용어로 "자기 자신을 낮추고 남을 높이는 마음"이란 뜻이다. 천직으로 알고 살아 온 지난 20여년 119의 이념에 충실하려 했고, 남은 시간도 더불어 살고자 하는 시인의 마음을 담고자 했다.

뜻 깊게도 이번 책에는 나를 많이 닮은 작은 딸아이 작품을 몇 편 싣는다.

불현듯 월간문학 신인상으로 등단해 몸담고 있던 행우문학회에서 마련해 준 등단기념식에서 했던 말이 생각난다. 당시 롤 모델로 삼고 싶었던 선배 문인보다 더 뛰어난 작품으로 시조라는 장르로 노벨문학상에 도전하고 싶다고 호기롭게 밝혔던 포부가 지금 생각하면 헛웃음이 나온다.

그러나 이번 시집을 내면서 그때 그 말이 결코 허언이 아닐 수도 있겠다는 한 가닥 희망을 작은 딸애의 시를 보면서 느낀 것은 큰 위안이다.

늘 처음처럼 세상을 보고, 느끼며, 말하고, 행동하는 시인으로 남고 싶다.

끝으로 서평을 써 주신 나순옥 스승님께 고마움을 바친다.

2016년 가을에

■ **차례**

책을 내면서 ——————— 4

1 내게 보내는 편지

新 목민심서 1 ——————— 13
新 목민심서 2 ——————— 14
新 목민심서 3 ——————— 15
新 목민심서 4 ——————— 16
新 목민심서 5 ——————— 17
新 목민심서 6 ——————— 18
新 목민심서 7 ——————— 19
新 목민심서 8 ——————— 20
新 목민심서 9 ——————— 21
新 목민심서 10 ——————— 22
新 목민심서 11 ——————— 23
新 목민심서 12 ——————— 24
新 목민심서 13 ——————— 25
新 목민심서 14 ——————— 26
新 목민심서 15 ——————— 27
新 목민심서 16 ——————— 28
新 목민심서 17 ——————— 29
新 목민심서 18 ——————— 30
新 목민심서 19 ——————— 31
新 목민심서 20 ——————— 32

新 목민심서 21 ——————— 33
新 목민심서 22 ——————— 34
新 목민심서 23 ——————— 35
新 목민심서 24 ——————— 36
新 목민심서 25 ——————— 37
新 목민심서 26 ——————— 38
新 목민심서 27 ——————— 39
新 목민심서 28 ——————— 40
新 목민심서 29 ——————— 41
新 목민심서 30 ——————— 42

2 아내에게 보내는 편지

목련 꽃망울 차茶 1 ——————— 45
목련 꽃망울 차茶 2 ——————— 46
$α$(알파) & $ω$(오메가) ——————— 47
흙이 되기까지 ——————— 48
홍시 ——————— 49
옹기 ——————— 50
가족 ——————— 51
갈매기의 詩 ——————— 52
염전 ——————— 53

선인장 ——————— 54
얼굴 ——————— 55
아카시아 꽃 진 자리 ——————— 56
비빔밥 ——————— 57
비물이 ——————— 58
물망초 꽃말 ——————— 59
평행선 ——————— 60

3 우리라는 이름으로 보내는 편지

여름 산행 ——————— 63
가을 산행 ——————— 64
문풍지를 바르며 ——————— 65
봄, 태백탄전 ——————— 66
봄을 잃은 봄에 ——————— 67
고드름과 손가락 ——————— 68
겨울나무 ——————— 69
작아지는 것들에 관한 슬픔 ——————— 70
2009. 왕피천에서 ——————— 71
낯선 것에 관하여 ——————— 72
문 ——————— 73
물들이기 ——————— 74

안경 ——————————— 75
꿈 ————————————— 76
등신불 ————————— 77
시소 seesaw ——————— 78
거울 ————————————— 79
눈, 그리고 겨울산 ———— 80
불 —————————————— 81
까치밥 ————————— 82
뿌리 ————————————— 83
피살이 ————————— 84
낮은 담장을 거닐며 ——— 85
3월, 대합실에서 ————— 86
카드게임 ———————— 87
백제 장인의 망치질 소리가 들리는 곳 ——— 88
진천군 덕산면 옥동리 연꽃방죽에서 나는 이야기 - 89
진천군 덕산면 용몽리 농요전수관에서 ——— 90
영화 '명량' 그 벅찬 감동을 찾아서 —— 91
우리나라 근대 수학의 아버지 ——— 92
12월의 신부에게 ————— 93
등대 ————————————— 94
생각 ————————————— 95
양파 벗기기 ——————— 96
12월 풍경 ———————— 97
아버지 ————————— 98

텃밭을 가꾸며 ——————— 99
옆집 ——————————— 100

4 딸애의 편지

내 마음은 녹차밭 ——————— 103
촛불 ——————————— 104
나이테 —————————— 106
등대 ——————————— 108
모정 ——————————— 110
불나비 —————————— 113
자투리 —————————— 114
캔자스에 불어오는 회오리바람을 — 115
푸른 고향 ————————— 116

■ 서평
下心과 心書, 그 긴 울림 ‖ 나순옥 —— 119

1

내게 보내는 편지

新 목민심서 · 1

부디 불이라 하여 모두 끄지 말라*시며

출간패 문안 가득

채워주신 의미는

가을날

붉게 영그는

고추의 삶을 말함입니다.

* 2005년 11월 9일(소방의 날) 출간기념패 문안 첫 구절

新 목민심서 · 2

아침마다 출근에 앞서 또 세수를 하는 건

눈은 맑고 귀는 넓게

입은 깨끗이 헹구어

당신이

부르는 순간

온 몸으로 답하려 함입니다.

新 목민심서 · 3

무언가 내밀 수 있는 준비된 순간들이

살아가는 큰 의미로

각인되어 지기까지

날마다

가슴 켜켜이

채우며 살게 하소서

新 목민심서 · 4

끊임없이 밀쳐 올리는 시지프스 신화처럼

백사장을 쉼 없이

오르내리는 파도처럼

한순간

게으름조차

허락지 않게 하소서

新 목민심서 · 5

해마다 깊어만 가는 원인 모를 저 소갈증

세상 어느 곳에나

샘솟아 흐드러져

어을려

필요한 수단

그런 물이게 하소서

新 목민심서 · 6

바람 부는 날이면 아무런 생각 없이

온 몸 내맡긴 채

흔들리는 의미는

세상 속

시간 흐름에

순응하려 함입니다.

新 목민심서 · 7

모두에게 눈높이로 말할 수 있는 용기와

어느 한 쪽 기울지 않는

중용의 그 품으로

행하는

일들로부터

떳떳하게 하소서

新 목민심서 · 8

숱한 시간 스스로를 담금질하며 엮어낸*

국민 + 안전 = 119

이 공식의 성립까지

끝없이

혁신하는 건

소방인의 약속이다.

* 2005년 진천소방서 개청에 따른 서훈(署訓) 중에서

新 목민소서 · 9

결 고운 원이기보다 일그러져 더 행복한

햇살 향해 나아가는

나이테를 닫기까지

단 한 점

부끄럼 없는

그런 삶이고 싶습니다.

新 목민심서 · 10

있는 듯 없는 듯한 그저 그런 사람이 아닌

등 가슴 모두 내밀어

그루터기 만드는 이

그 마음

숲을 이루어

푸르게 푸르게 하소서

新 목민심서 · 11

숱한 허물 벗어 내고 마침내 날아올라

질곡의 시간 울음으로

털어내는 매미처럼

여름 내

푸른 노래를

들려주고 싶습니다.

新 목민심서 · 12

팍팍한 세상살이 흔들리는 모두에게

휘어진 등이라도

내밀 수만 있다면

모두가

걸터앉아 쉴

나무 등걸이고 싶다.

新 목민심서 · 13
- 희생 번트

살려야 해 나보다는 우리들을 위해서

번트는 나를 죽이고

그를 살리는 일

짧게 쥔

방망이 가득

비장함이 흐른다.

新 목민심서 · 14

해진 그들의 상처 한 땀 한 땀 기우는

외과의사 박씨가

괜스레 부러운 날

바늘 귀

꿰는 연습은

나만의 면벽수양

新 목민심서 · 15

낯선 주소 찾아가는 내비게이션 작동으로

거리에 이정표들은

동네 어귀 느티나무

온라인

오프라인 서로

어울려 살고픈 삶

新 목민심서 · 16

물이라 하여 모두 같은 물이 아니듯

한순간 쓰임을 위한

소화전의 기다림같이

투명한

흐름은 계속

다만 느끼지 못했을 뿐

新 목민심서 · 17

아침마다 그를 위해 의자 내밀고 싶습니다.

앉는 순간 세상 시름

훌훌 털어 버리는

어머니

무르팍처럼

베고 눕던 그런 자리

新 목민심서 · 18

언제 어디에서나 그가 손을 내밀면

결코 부끄럽지 않게

맞잡을 수 있도록

손바닥

서로 마주쳐

큰 울림 낼 수 있도록

新 목민심서 · 19

꽃이 저마다 시간을 택해 벙그는 건

세상에 널브러진

욕심으로부터 체념하는

바로 그

초연한 미소

보여주려 함입니다.

新 목민심서 · 20

매를 견뎌 세상 시름 곱게 펴는 다듬이

헤진 등 골골마다

토해내는 그 가락은

한 평생

가슴으로 부른

어머니의 사랑가

新 목민심서 · 21
  - 봄

일제히 숨구멍 여는 땅으로 하여 설레고

초침과 분침 빼닮은

새싹들이 부르는

희망가

드넓게 울릴

들판이고 싶습니다.

新 목민심서 · 22
- 여름

여름날 장맛비는 가을 여는 마중물

뙤약볕 타는 갈증

어쩜 저리 식히고는

시치미

뚝 떼고 사는

그런 빗물이고 싶습니다.

新 목민심서 · 23
- 가을

채움과 비움의 갈림길 앞에 서면

저마다의 발자취가

만들어 낸 삶의 흔적

가슴팍

먹먹해지는

그 뜻 고이 받듭니다.

新 목민심서 · 24
- 겨울

한껏 움츠려든 겨울풍경 속에는

모두가 봄을 향한

구도求道로 한창이다.

그 숱한

희생 뒤에야

얻어지는 깨달음

新 목민심서 · 25

불길이 단 한 번도 같은 흔적 내지 않듯

수많은 조건에 따라

스러지는 것들에서

타기 전

온전한 모습

지켜내고 싶습니다.

新 목민심서 · 26

인터넷 닉네임을 "늘 처음처럼"으로 지은 건

공직에 첫 발 디디며

선서했던 그 초심

오롯이

남아 숨 쉬길

소원하려 함입니다.

新 목민신서 · 27

행복의 울타리를 빙 둘러 칠 수 있는

솜씨 좋은 도수 김씨의

발끝이라도 좇으려

서투른

망치질 끝에

땀이 송글 맺힙니다.

新 목민심서 · 28

안개 짙은 이른 아침 출근길 풍경에서

초조하게 기다리며

만나려는 그 햇살

확 트여

눈에 선명한

그런 길이고 싶습니다.

新 국민심서 · 29

덩그러니 빈 칸으로 걸려 있는 일정표에

온전히 그를 위한

시간으로 채우겨

부끄럼

허락지 않을

거울 앞에 섰습니다.

新 목민심서 · 30

더불어 살아가는 밑그림을 그립니다.

투명한 붓질마다

영롱한 삶의 색채

모두가

행복한 세상

눈물 없는 그런 세상

2

아내에게 보내는 편지

목련 꽃망울 차茶·1

아내는 지난 수년
원인 모를 가려움으로
손이 닿는 피부마다
생채기를 내고 있다.
내미는
등을 긁으며
눈시울이 뜨겁다.

목련 꽃망울을 다려
차로 마시면 좋다하여
가지를 늘어뜨려
한 움큼 따오는 날
봄 뺏긴
목련나무와
아내에게 미안했다.

목련 꽃망울 차茶 · 2
- 3월 27일, 결혼기념일 간월도에서

밀물과 썰물로 하여
섬이 아닌 육지도 아닌
곁에 있어도 그리운
아내는 그런 사람입니다.
목련꽃
흐드러지면
외려 슬픈 봄날을 닮은

오롯이 덕고 우려 낼
아내의 차茶 끓일 때
미안하고 고마운 맘
다보록이 핍니다.
사랑할
우리의 시간
짧아 애틋한 이 봄에

α(알파) & ω(오메가)

진천에 이르러서야 비로소 만난 사랑
시작부터 끝까지 하나로 이어지는
인연의 뜨거운 약속 반지로 끼었습니다.

가진 것 모두 내주는 걸 당연함으로 알았고
서로를 향해 ㄱ형이 된 몸뚱이를 보면서
온전히 하나이지 못한 마음 너무 밉습니다.

우리 둘 혼자서는 걸을 수 없는 그 날 위해
묶지 않아도 풀리지 않을 끈 하나를 이어서
영원히 서로를 이끌 매듭 꿰어 놓습니다.

* 아내가 α, 나는 ω 문양으로 반지를 만들어 끼고 있다.

흙이 되기까지

만남의 처음과 끝은 뿌리 내릴 공간 찾기
수차례 빙하기와
그 뜨겁던 폭발 모두
허락된
사람과 사람
연을 맺으려 함입니다.

생의 앞뒤보다는 살아가는 바로 지금
곁에 있어 행복한
울타리고 싶습니다.
흙으로
다시 가는 날
함께이고 싶은 이

홍시

초경으로 발그레한 네가 너무 안쓰러

전짓대로 떼어내

두 손 가득 보듬고

옥양목

정성 가득히

부끄럼 닦아낸다.

옹기

딱히 그만큼만 담으려는 그녀에게
날마다 세상 속으로
길 터주는 그녀에게서
사랑을
채우고 비우는
어머니를 보았습니다.

늘 허기에 찬 그런 속내가 아니었어
채울수록 외려 넘쳐나는
옹기의 저 몸짓 앞에서
비워야
넉넉해짐을
비로소 알았습니다.

가족
   - 소방위 승진시험 발표 날에

지난 3년을 꼬박 두 손 모아 믿어 준
고마운 가족에게
하염없이 하는 말
사랑해
너무 사랑해
밤새워 되뇌입니다.

세상 모든 일이 혼자서는 되지 않음을
또다시 느끼게 된
소중한 시간만큼
울타리
빙 둘러 피울
사랑꽃씨 흩뿌립니다.

갈매기의 詩
- 겨울, 추암 바다에서

백사장에 선명한 갈매기 한 쌍의 발자국은
그들만의 언어가 아닌
가슴 찡한 사랑의 詩
어깃장
간간히 놓는
파도는 심술퉁이

땅에서 못다 한 얘기 하늘로 끌어 올려
가장 자유로운
서로의 날개 짓에는
단순한
동행이 아닌
곁에 있어 행복한 詩

연전

어떤 이에게 갈증은 그리움의 표현입니다
뼈 속까지 파고드는
투명한 고통의 시간
밀치고
당김을 반복하는
이곳은 사랑 밭입니다.

어떤 이들의 사랑이 저리도 애틋할까요
켜켜이 쌓인 눈물
시나브로 하얗게 펴
물 닿아
녹기까지는
떨어지지 않을 결정체

선인장

가시로 돋아나는 그런 사랑 아시나요
제 살 가득 생채기는
한 사람을 향한 그리움
껍질 속
눈물 감추고
몽니 부리는 몸짓입니다.

날품 파는 박씨의 손바닥 촘촘 굳은살은
명퇴 이후 속으로만
삭혀내던 응어리
더 이상
감출 수 없는
가시고기 사랑입니다.

얼굴

그에게 주어지는 저 표현의 자유
안견 근육 결 없이
도화지를 채워도
순간의
생각과 몸짓
채색되지 않습니다.

부부의 세월만큼 닮아가는 얼굴은
한 곳을 바라보며
서로를 닮기 때문
갈비뼈
하나가 엮은
고다운 인연입니다.

아카시아 꽃 진 자리

그렇게 그녀는 5월의 신부가 되었습니다.
아낌없이 내주는 건
대를 잇는 사랑 법
신혼의
단꿈도 잠시
입덧으로 지는 꽃잎

이 땅의 모든 어머니가 그러하듯이
끊임없는 손 발짓으로
퍼 올리는 사랑 샘
씨방을
툭 툭 터트려
문패 달아 줍니다.

비빔밥

이것저것 끄집어내 이야기를 엮는다.
속 다른 저들의 사연
얼기설기 버무려져
함초롬
숟가락 위에
꽃무더기 만든다.

그 빨간 빛깔 속에 얼비치는 저들은
어우러져 행복한
이름 하나 얻고는
기꺼이
제 몸을 맡겨
자양분이 되었다.

비몰이*

여태껏 아니라고 손사래를 쳤건만
기어이 퍼붓고는
자리 대신 꿰차도
옹골진
저들의 사랑
떼어내지 못했어

그가 떠나고 다시 옷고름이 풀리면
자궁이 쏟아내는
순백의 저 치어들
일제히
세상 속으로
헤엄쳐 나오는 날

* 염전에서 비가 오기 전 염전 물을 해주에다 가두는 일

물망초 꽃말
- 치매

잊혀 지려는 만남은 세상에 없다면서
치매병동 노부부
물망초 키워보지만
밑 빠진
기억 주머니
바람 숭숭 드나듭니다.

손가락 꼽을 만큼 몇 안 되는 기억마저
내걸린 침대 시트에
온전히 스미는 날
시린 눈
핑계를 삼아
눈물샘 터트립니다

평행선

기차가 지나지 않는 두 갈래 선로에는
분명 우리가 모를
서로 다른 삶이 있다.
횡침목
디딤 축으로
제 갈 길을 가야하는

평행선의 기찻길을 공존이라 부른다.
몸은 비록 다르지만
한 곳을 바라보며
목적지
이르기까지
무게 중심을 나누는

3

우리라는 이름으로 보내는 편지

여름 산행
− 아프리카 영양실조 어린이를 떠올리며

땀 냄새 잘도 찾는
산모기 집요함으로
날갯깃과 손사래
기 싸움 팽팽하다.
차라리
보시 치면
맘이라도 편하지

쇠파리에게 온몸을
보시 당하는 아이들
말 못하는 저 속내
처절한 몸부림이다.
이분법
잣대 위에는
이기적인 생각뿐

가을 산행

낙엽 떨구는 나무들이 떠오르게 하는 건

부끄럼 느끼지 않고

젖 물리던 어머니

푸르게

하늘 떠받칠

그 날 그 몸짓입니다.

문풍지를 바르며

시간을 그물질 한
문창살 칸칸마다
세상 온갖 이야기들이
퇴고를 끝낸 지금
색 바랜 문풍지 뜯어 책 표지로 엮습니다.

바람이 전하는 소리
그대로 듣기보다는
문창살 이력만큼
걸러내는 새 문풍지
탈고의 회한도 잠시 내처 자서전을 씁니다.

봄, 태백탄전

강으로 혹은 바다로 길을 트는 검룡지
천제단 소지들은
물길 뒤를 따르고
화덕엔
층으로 놓여
불길 여는 십구공탄

아직은 살아갈 이유 더 많다는 채탄부 김씨
진폐증으로 먼저 간
동료 묻은 폐부 속으로
우라질
이놈의 봄은
용케 길을 찾는다.

봄을 잃은 봄에

벌써 입이 가려운 듯 효자손 찾는 땅에는
지난겨울 비밀들이
푸른 활자로 편집 중
특종을
빼앗겨 버린
시간은 종종걸음

언제부턴가 우리는 봄을 잃어버렸다
게으른 동면으로
최소한 방비도 없이
눈 뻔히
뜨고서 당한
이 계절 도난 사건

고드름과 손가락

처마 끝 줄지어 선 눈 내린 겨울풍경
햇살과 바람 서로
뒤엉켜 만든 매듭
세상은
그들로 하여
땅에서 풀라 한다.

저마다의 크기로 태어나 사그라지는
열 손가락 깨물어
안 아픈 이 누굴까
시간은
누구에게나
성장통으로 길들인다.

겨울나무

갈피 못 잡는 낙엽이 쌓인 겨울나무 숲에서
봄으로 가는 길을 묻다
미아가 돼버린 날
온 종일
나무 위에는
시계추 같은 철새 뿐

바람에 흔들리는 나뭇가지와 다르게
등뼈 곧추 세우고
뿌리 뻗는 그 이유
새 순을
틔우기까지
이정표 될 요량이다.

작아지는 것들에 관한 슬픔

한참을 돌아서 만난 초등학교 동무와 달리
책걸상 운동장은
왜 이리 작은 걸까
한없이
크기만 했던
그때 꿈 지금 어디

작아지는 것들에 대한 슬픔이 복받쳐도
선 뜻 나서지 못하는
끝 모를 두려움으로
자꾸만
곱씹어 보는
마음의 착시현상

2009. 왕피천에서
- 연어, 그 회귀성에 대하여

되돌릴 수 있는 이별은 얼마나 아름다운가
그 숱한 물길 속에도 길은 오직 한 곳으로
멀어진 시간은 외려 힘줄을 부풀린다.

빗장 없는 더문을 밀치고 나선 이후
그 때부터 기다림은 시나브로 자라고
투명한 인연이 깔린 산실은 늘 열려 있다.

허옇게 살점들이 만장처럼 나부끼면
여린 비늘 파고드는 왕피천의 기억들
그가 또 그를 보내고 그가 다시 보낼 곳

낯선 것에 관하여
- 주덕119안전센터에서

어둠이 내린 이후 낯선 길 저편에는
아스라이 멀어지는
충북선 기적소리
어쩌면
가까이 없는
그들에 대한 미련일 게야

제 집을 등에 지고 살아가는 달팽이
여차하면 숨을 수 있는
자기 보호에 충실한 건
어쩌면
낯선 것에 대한
짙은 두려움일 게야

문

두드려 열리지 않는 그런 문이 있을까

안과 밖 문고리는

동전의 양면처럼

열리든

혹은 닫히든

소통은 선택의 몫

물들이기

첫눈을 기다리며 곱게 물들인 봉숭아
분홍빛 그리움이 손톱 가득 퍼지면
순백의 도화지 위로 흐드러지는 사랑 꽃

새치를 헤기 힘든 어머니 머리카락
세월을 거스르려 염색하는 날에는
자리를 서로 맞바꾼 母子의 삶을 봅니다.

마음에도 쪽빛을 흥건하게 물들여
건네는 말들마다 묻어날 수 있도록
이 한 몸 세상 향하여 여백으로 펼칩니다.

안경

틀에 박힌 도수는 외려 아득한 낭떠러지

볼 수 있는 세상을

스스로 놓친 후회처럼

어차피

하나일 수 없는

이루지 못한 첫사랑

꿈

보이지 않는다고 만날 수 없는 것은 아니다

숨어 사는 그는 분명

가슴 속에 살아서

날마다

나를 깨우는

신새벽 자명종이다.

등신불
- 2011. 어느 소방 선배의 외침을 보며

언제부턴가 우리는 입이 있어도 벙어리
귀가 있어도 귀머거리
가슴 있어도 열지 못하는
숱한 날
부끄럼조차
잊고 산 바보입니다.

스스로 자신을 태워 등신불이 되기까지
뜨거운 심신의 고통보다
세상의 무관심이 더 아픈,
진정한
소방의 길을
묻지도 못하는 슬픈 자화상

시소 seesaw

눈높이를 맞추려는 몸짓에서 불현듯
늘 무릎을 굽혀
사시던 울 어머니
서로를
나눈 뒤에야
균형 잡힘을 알았습니다.

내가 떨어지면 그는 어김없이 튕겨 오르고
어느 순간 무게 중심은
욕심을 부추깁니다
허공의
두려움 알고서야
발 디디며 사는 이 행복

거울

참 서툰 사진사가 찍어대는 사진기

선뜻한 인화지를

연신 갈아 끼워도

현상된

사진 속에는

지금 바로 그 모습 뿐

눈, 그리고 겨울산

순백의 겨울산은 여인이 아닌 어머니

한없는 그 품으로

두 팔 벌려 서 있는,

눈 쌓인

능선이 모두

탯줄임을 보았다.

불

타는 것들은 모두 아픔이 있다는 걸
깡그리 묻혀 버린
폼페이의 어느 날 같이
그 환한
불길 스러진
검댕 숲에서 알았습니다.

그 진한 그을음이 빼곡히 쌓인 날은
얼마큼의 속울음으로
말갛게 씻긴 날까
찰나의
형벌치고는
화상 깊게 패입니다.

까치밥

누군가 위해 남길 수 있는 그것은 행복일 게야
저 혼자의 힘으론
열매를 맺지 못했음을
나무는
가을 달빛에
안겨서야 알았지

결코 외롭지 않는 고행의 시간일 게야
제 살을 발라내는
그들의 부리 질마저
나눔의
연결고리로
이어지기 때문이지

뿌리

땅 밑 묻혀 산다고 그늘진 삶이 아니야
가득한 생채기로
합장하는 손바닥은
동안거
깊은 침묵 속
참 나를 찾는 중이지

비틀리고 부러지는 성장통의 크기만큼
실핏줄로 촘촘히
엮어진 그물을 쳐
온전히
그들의 무게
떠받으려 함이지

피살이
- 2016년 총선에 즈음하여

뽑는다는 어원을 죽살이*에서 찾는다.

뽑혀야 사는 것과

뽑혀져서 죽는 것,

선택은

언제나처럼

평행선을 긋는다.

* 죽살이 : 삶과 죽음의 옛말

낮은 담장을 거닐며

애써 그들의 속 훔쳐보지 않아도
가슴팍 스쳐가는
그만큼의 높이로
떡하니
담장 안팎에
풍경화 내걸린다.

길이 지나가며 그어 놓은 선 한 줄
그것은 경계가 아닌
기울지 않는 저울대
보는 이
보이는 이 모두
마을 넘어 드는 곳

3월, 대합실에서

잠에서 막 깬 파릇파릇 새싹들이
새벽 지나 아침을 여는
간이역 대합실에서
수줍게
손을 내밀어
편도 승차권을 끊는다.

종착역 이르기까지 멈출 수 없는 이 여정
이름 모를 풀뿌리마저
동행을 자처하는,
모두의
희망으로 빚은
봄맞이 길목이다.

카드 게임
 - 봄, 나무를 생각하다.

숱한 복선을 깔고 절정을 향해 나아가는
놓이는 패들마다
비수가 번뜩인다.
누구도
알지 못하는
손잡이와 칼날의 주인

대부분의 사람들은 봄, 나무를 보면서
앙상한 가지보다는
속내를 힐끗거린다.
언제나
히든카드는
푸른 싹을 기다리며

백제 장인의 망치질 소리가 들리는 곳
- 진천군 덕산면 석장리 백제 제철소

두드릴수록 강해지는 건
칼날만이 아니었다.
석장리 기름진 평야
일궈내던 농기구까지
장인의
망치질 속에
비상하던 백제 왕조

거푸집 선택에 따라
서로 다른 쓰임새
불 다루는 풀무질은
고통과 희망이었다.
칠지도
전해준 그 뜻
쇳물이 꿈꾸던 세상

진천군 덕산면 옥동리 연꽃방죽에서 나눈 이야기
- 이심전심以心傳心

가섭의 미소들이
함초롬히 피는 날이면
세상의 글이나 말은
설 자리를 잃는다.
먹먹한
가슴 속에는
하늘 이치 가득하고

물에 사는 이유를
굳이 묻지 않는다.
진흙 속 피는 뜻을
모두 알 수 있듯이
어머니!
그 순백의 옷고름
그림자마저 눈부시다.

진천군 덕산면 용몽리 농요전수관에서
- 오늘날 한류의 근원을 찾아서

한恨은 우리에게
노래와 춤을 주었다.
몸과 입으로 전해져 온
한민족의 놀이문화
오늘날
한류의 뿌리
용몽리 농요에서 찾는다.

진천 쌀을 있게 한
노랫가락 마디마디
모를 찌고 모를 심고
논 매고 논 뜯는 소리가
미호천
줄기를 따라
대대손손 불리는 땅

영화 '명량' 그 벅찬 감동을 찾아서
- 진천군 덕산면 이영남 장군 묘

2014년의 여름은
명량으로 인하 행복했다.
1700만의 관객들이
느낀 건 오직 하나
저들의
희생으로 하여
오늘의 우리가 있다는 것

충무공 보좌하여
승전한 숱한 전투
주연을 능가하는
조연은 흔치 않다지만
이제는
국민 속에서
청출어람 하소서

우리나라 근대 수학의 아버지
- 진천군 진천읍 산척리 이상설 생가

남보다 앞서 깨우친 학문이
외려 업보로 다가왔다.
을사오적 처단 상소
헤이그 특사의 그 좌절
선생의
마지막 선택
후학 양성 독립운동

근대 수학의 아버지가
태어나신 산직마을
머나 먼 동토의 땅에서
교육으로 뿌린 씨앗
오늘날
경제의 기적
그 열매를 맺으신 이

12월의 신부에게
- 후배 조희령 결혼식에 부쳐

오늘 두 사람이 행복의 문 앞에 섰습니다.
암수 서로 어울려야 날 수 있는 비익조와
부둥켜 풀리지 않을 연리지 되었기 때문입니다.

맞잡은 두 손 사이로 꿈길 환히 열리는 날
같은 곳을 바라보며 걸을 수 있음만으로
세상의 모든 길 외로 그들 발자국 찍힙니다.

조용히 그대에게 다가가다 들킨 날
희망의 빛이라며 댓발로 맞아 준 그대에게
령(영)원한 안식처 같은 품이 되고 싶습니다.

오! 그대, 첫눈 같은 저 순백의 신부여
병풍을 곧게 세운 우리 둘만의 울타리에서
덕두화 꽃말에 담긴 그 뜻 고이 새기렵니다.

등대

찰랑대는 저 파도는 모두의 초침이다.
그리하여 그들의 시간
함께 흘러야 한다며
땅에도
북극성 닮은
별이 떠 있었다.

해지고 밤이 되면 여러 갈래 길 만들어
삶의 지친 몸짓과
허기진 속 채워 주려
어머니
밥 짓던 아궁이
그 불빛이 서 있다.

생각
　- 금동 미륵보살 반가사유상 앞에서

찰나의 윤회로부터 생겨나는 숱한 현상
하릴없는 생각보다
차라리 부질없기를
완벽한
무념의 몸짓
미소로 가르칩니다.

쉼 없이 나를 낮춰 받들고자 했습니다.
알 듯 모를 듯한
눈빛과 마주칠 때
여미진
옷깃 사이로
연꽃 한 송이 핍니다.

양파 벗기기

벗겨지는 껍질 너머 망설임이 깔끄럽다.
드러낸 뽀얀 속살에
부끄럼 혹은 창피함이
눈물로
에둘러치는
궁색한 현장이다.

안팎으로 나누는 건 어리석은 이분법
한 겹만, 또 한 겹만
호기심을 채울 때
목메는
아픔과 달리
옹골찬 속내 있다.

12월 풍경

만남과 헤어짐이 공존하는 환승역에
합격 축하 현수막
좌표처럼 내걸린다.
익숙한
풍경 속에서
시간은 늘 종종걸음

대본은 물론이고 관객조차 제 각각
모노드라마 3각 3장
2막 1장이 끝난 지금
비평은
스스로의 몫
막은 다시 오른다.

아버지

양은 주전자 막걸리 줄어드는 무게만큼
아버지가 벌겋게
끌어 올린 취기는
한없이
가족을 향한
가장 낮은 몸부림

아버지는 가슴이 아닌 등으로 말씀 하셨지
직립보행 원칙을
무너뜨린 그 속내
김 서린
목욕탕에서
굽은 등 밀며 알았어

텃밭을 가꾸며
- 이웃과 더불어 사는 청산119안전센터에 부쳐

해종일 쬐는 햇볕 그냥 두기 아까워
자투리 땅 이랑 일궈
꿈을 심는 사람들
씨감자 싹을 틔워서 더불어 살고자 함입니다.

단순한 농작물이 아닌 소박한 사랑입니다.
그 바쁜 소방의 24시
투박한 손 짬을 내
청산 뜰 환하지 피운 색색의 저 감자꽃

토실토실한 씨알이 꽃을 지워 자라고
아낌없이 주는 땅
그 마음으로 캐내어
소외된 이웃들에게 광주리 채워 보냅니다.

옆집

어쩌다 마주치면 눈 둘 곳 없는 어색한 사이
궁금증을 잃은 뒤
앓고 있는 후유증이다.
그 많은
옆집 속에서
이웃 없는 상실의 시대

떡 접시로 손 내밀던 아스라한 기억들
벽은 우리가 세운
두려움의 보호막
허전한
곁이 되어 줄
이웃 찾아 나선다.

4
딸애의 편지

서지아
청주여자고등학교 3학년 재학
장래 희망은 국어교사
청풍명월 전국시조백일장 장원 등 다수 입상 경력

내 마음은 녹차밭

푸릇푸릇해 모든 곳이
눈에 보이는 것이라곤 온통
초록

새도 하늘도 보이지 않도록
무성히 자란 녹차밭 그 속
그렇게 파묻혀 풀피리 부르다가
초록색 잠을 자고

내 가슴은 녹차밭
온통 녹차밭
모두 푸르러서 외려 고요해
소리 질러도 되돌아오는
초록색 산들바람
초록색 소리 없는 메아리

잡초꽃이라도 필 때면
머뭇거리며 다가가는 어린 손
그 눈 아픈 하얌에 놀라 멈추고
그 생경한 산 뿌리 뽑혀 짓밟힌
녹차밭은 고요하네

촛불

다만 약해빠진 작은 불빛이
여기서 저기서 튀어나와서 반짝였어
금방이라도 꺼질 것 같네
성냥으로 라이터로 붙인 작은 촛불
조그만 바람에도 휘청거려서
몇 번이고 몇 번이고 불을 붙였어

방패라곤 구멍 뚫은 종이컵 하나
추운 밤 촛불은 하나 둘씩 켜지고 그건 모두
국화꽃을 태운 촛불들
남은 사람들은 노래 부르며 그리워하고
촛불은 타들어가네
천천히 흔들리는 작은 것들은
노란색 파도 되어 흘러가버리고
남은 것이라고는
평화를 바라는 노래밖에는 없는 밤

다만 약해빠진 작은 불빛이
다음날 그 다음날에도 반짝이고
아직도 울려 퍼지는 평화를 바라는 노래

꺼져드 다시 붙어지는 그 작은 불씨
그 작은 희망

다만 꺼지지 않는 작은 불빛이
여기 살아있네
끝끝내 타오르고 있었네

나이테

모든 것들의 세월은
그것들 스스로에게 흔적을 남긴다.

깊게 패인 나이테
거칠게 남은 상흔

많은 세월을 삼킬수록 더 뜨거워지는 것들은
선명한 수백의 계곡을 만들고

갓 매달린 곧 영그는
날것들에게는 없는
깊게 패인 홈과
그 홈 사이로 파고드는 추위와
또 설움은
날것들에겐 닿지 않는다.

나무는 커다랗고 정한 나무로 자라났다.

나이테는 그 속에서 그득그득 표면을 파내며
또 그 세월만큼의 원을 진득이 그려나가고

나무는 제 몸 안을 찢어내는 세월을 느끼며
더 높이 가지를 들었다.

등대

아이가 빠져죽었다는 바다는
너무나 차갑고 깊기에
어미는 매일 그 바다를 보며
소리 내어 이름을 불렀다.
파도를 가르고 바람을 찢어서 그래서
그 빛 따라 떠난 배가 돌아오길 기원하며
또 애원하며

매일 밤을
그곳은 등대지기 하나 없는 곳

고요한 바다 모든 게 묻힌 바다를 향해
어미는 묵묵히 서서 빛을 뿌렸다
그 빛이 닿았다고 닿는다고
닿을 거라고
확신 하나 없었다.

다만 그 절벽 높은 곳
찾아오는 이 하나 없는 검은 바다를 보며
어미는 다만 서있을 뿐이다.

뱃고동 소리 들릴까 싶어
숨죽인 채 오열하며

모정
- 관동별곡 '갓득 노(怒)한 고래, 뉘라셔 놀내관대'

고래는 바다가 떠나가도록 절벽에
머리를 콱콱 박아댄다
그때마다 흰색 피가
산이 되도록 눈이 되도록 터져난다

언제부터인가 고래는 말도 않고
그 좋아하는 노래도 않았다
푸우― 숨을 쉴 때마다 터지는 이차돈의 그것은
뜨겁기도 우는 것 같기도
어쩌면 숨을 참는 것 같기도 했다
다시 또 다시
머리에서 또 피가 터져난다
소나무들이 쓸쓸이 속살거리는 밤에도
고래는 멈추지 않는다

그런데
절벽은 가만히 서있었다
굳건히 그러나 틈틈이 스며드는 오열이
제 몸 조각조각 무너뜨리는 밤에도
그것은 밀어내지도 두 팔로 막지도 않고서
단지 고요히 웃으며

다 괜찮단다
그리 속삭이듯
민들레 두 송이가 거기에 매달려 있었다.

신발이 다 헤지고 낡았다고
집으로 돌아가는 늙은 여자의 딸은 뾰족구두 신으며 말했다
하나 사시라고.

늙은 여자의 신발은 그리 예쁘지 않다.
지독히도 낡고 닳은 신발 밑창
신발 주인에게서 나는 옅은 땀내가 거기도 배어있다.

늙은 여자는 그 신발 그 낡은 발로 걷다가도 걸음을 멈춘다.
마당 좁은 길 걸릴 것도 없는 그 길에서
늙은 여자는 밭으로 가기 전에 신발을 확인하는 버릇이 생겼다.
무거운 발걸음 그만큼 무거운 그림자도
늙은 여자는 그녀의 늙은 눈으로는 신발이 왜 무거운지 알 수가 없다.
마당에 키우는 더러운 개만 밥 달라고 왕왕 짖어댄다.

지금은 아무도 살지 않는 집 개만이 마당에서 살고 있는 집을
늙은 여자는 혼자 살아남아 지키고 있다.
매일매일 영그는 열매처럼 알알이 차오르는 삶의 황혼
뜯은 것들은 또 딸들에게 주려 낡아빠진 신문지로 죄 싸놓고
노을 자국 묻어서 늙은 여자는 볼이 발갛다.

늙은 여자는 흙 묻은 신발 벗어던지듯 내려놓는다.
거기에 매달린 민들레 두 송이 짓밟힌 것들
어릴 때 불며 놀던, 딸들이 불고 놀던
늙은 여자는 그것을 알지 못하거나
모르는 척 하거나

늙은 여자의 신발이 또다시 무겁다.
아무도 찾아오지 않을 검은색 대문을 바라보는 눈
그 구부정한 허리
민들레 두 송이가 거기에 매달려 있었다.

불나비
   - 불씨

산비탈을 내려온 우리는
상복을 벗었다
불길 너울너울 집어먹으며

혀를 날름날름 내밀던
그것은 말을 걸어왔다
타닥타닥 나는 갈게
도로에서 먹던 밥은 매워서
우리는 불가로 가지 않았다
멀리서 배웅한다 안녕

상복은 불에 타고 재가 되어 날았다
저 멀리로

자투리

나물 팔던 할머니는 부추를 한 움큼 쥔다.
자식 딸린 아줌마가
바락바락 얻어낸 덤
곧이어
파장 알리는
노을자국 늘어졌다.

마당에 얼기설기 자라난 시간을
할머니는 낡은 칼로
억척스레 뜯어냈다
자식들
키워냈을 적
으레 했던 것처럼

어린 손녀 팔랑팔랑 민들레 불어내고
안개마냥 희뿌옇게
회상된 추억들
다시금
부추 뜯어낸
할머니의 뒷모습

캔자스에 불어오는 회오리바람을

불현듯 나무 그림자가 서늘하니 이마를 덮어오고
주위를 두리번거리던 어린 소녀는
강아지를 꼭 끌어안았지

토토야 난 준비가 됐어

외로운 허수아비는 참새와 노래하고 싶었대
쨍그랑 양철나무꾼은 뜨거운 고동 소리 들려와
서커스단 저 구석에 웅크려 밤에 떨던 사자도
멀리서 웅웅대는 빛무리 보던 그 밤
그 검은 조각들

무지개 너머에는
어딘가 라고 브르는 곳이 있대
그 무지개 건너려고
폭풍우 기다리는 엷은 새벽에

캔자스에 불어오는 회오리바람을
소녀가 품에 안아내던 때에

푸른 고향

고라니가 말했다
다른 모든 것을 붉게 물들인 땅거미가
가로막혀 저 너머 보이지 않는 숲길까지 붉게 물들이고
고요히 고라니는 오도카니 남은 토막만을 말했다

다 떠나가 버렸어 어째서야?

야밤을 헤치고 달리는 두 개의 빛이 태양처럼 빛나고
고라니는 다른 산에 살던 너구리가 말했던 것이 기억이 나

나 들어봤어 동물원이란 곳이 있대 거긴 편할 수 있댔어

어디인지도 모르고, 무엇인지도 모르는 곳
곳곳에 우리가 있다는 곳에서
서쪽으로, 무지개를 건너간 아이들을 위한 탑을 세운다고 했다

다들 동물원에 있을까?

까닭도 없이 너구리는 보이지 않았고

고라니는 어느 날인가, 뭔지 모를 것들이 쌩쌩 지나가는 길 위에서
서쪽 동물원이 있단 곳으로 머릴 돌리고 죽은 너구리를 보았다
다 식은 채였다

다 뒤집어졌어 여긴 먹을 것도 살 곳도 없어

어느 날엔 견디다 못한 멧돼지가 땅을 박차고 일어섰다
다들 떠나간 산에는 고라니만 남을 게 분명했고
고라니는 멧돼지를 따라나섰다

다시 와버렸네
네가 전에 왔다는 곳이 여기였구나
나는 아니야 우리 엄마가 여기 왔었어
어째서?
서서히 굶어서 죽어가고 있었으니까 배가 고팠어…….
어디든 파헤친 건 우리 엄마가 아닌데 우리 엄마가 죽었어

어디선가 이내 다급한 발소리가 들려왔고

고라니는 그게 단 한 번도 들어본 적이 없는 소리란 걸 알았다
다들 이상한 걸 듣고 있었고
고라니는 공기를 가르고 귀를 찢는 소리를 들었다

다들 와버렸어 어서 달아나! 어서!

서서히 익숙한 냄새가 나기 시작했다
다 너구리에게서 멧돼지에게서 산에서 나던 냄새였다

【 서평 】

下心과 心書, 그 긴 울림

나순옥(시조시인)

1.

서정교 시인이 두 번째 시조집을 엮는다.

소방관인 서 시인은 첫 시조집 "내일이 모두에게 내일이 아니듯"에서 119시편을 연작으로 엮은 바 있는데 소방관과 119! 말하지 않아도 그 연관성을 짐작할 만하다. 또한 목숨 건 화재현장의 급박함 속에서 "내일을 내 것이라 말할 수 없는" 뼈아픈 고백이기도 했다. 그렇게 바쁜 일상 속에서도 시심을 잃지 않고 늘 처음처럼 살아가는 모습이 믿음직스럽고 고맙기 그지없다.

이번 시조집 제목이 下心이다. 제목에 대한 작가의 말을 빌리면 "이번 시조집은 하심下心으로 제목을 정했다. 불교 용어로 '자기 자신을 낮추고 남을 높이는 마음'이란 뜻이다. 천직으로 알고 살아 온 지난 20여년 119의 이념에 충실하려 했고, 남은 시간도 더불어 살고자 하는 시인의 마음을 담고자 했다."고 밝히고 있다.

下心에 대한 이해를 돕고자 첨언을 하자면 불교인들이 올리는 三拜가 담고 있는 뜻은 첫 번째는 전생의 죄를 뉘우치고, 두 번째는 금생, 세 번째는 다가올 내생에 관련된 죄를 뉘우친다고 하는 것이 일반적이다. 그런데 그보다 조금 철학적인 의미로는 삼배의 첫 번째는 부처님에 대한 존경의 뜻을 담고, 두 번째는 자기 스스로를 낮추는, 즉 下心이다 그 옛날 큰 스님들 또는 선인들이 한결같이 강조하는 것이 "교만해서는 안 된다"이다. 이것은 참 중요한 말씀이면서도 실천이 어려운데 바로 이것을 시조집 제목으로 올려놓은 것은 자신에 대한 다짐이라고 보아야할 것이다.

다음은 시조집 下心을 열면 1부의 시 제목이 新 목민심서로 연작된 것을 볼 수 있다. 『목민심서』는 주권재민과 위민주의 철학으로 점철된 공직자의 바이블로 세상에 나온 지 200년 가깝게 시간이 지났지만 여전히 오늘 이 땅의 모든 공직자들이 마땅히 가슴 속 깊이 아프게 새겨두어야 할 마음가짐이다. 그러나 그러지 못한 작태들로 우리들을 근심스럽게 하는 현실 속에서 서 시인은 공직자로서 목민심서를 행동강령으로 삼고 일에 임하는 사람임이 분명하다고 느껴져서 든

든하다.

　이 시집을 읽는 우리는 다산 정약용 선생이 책 제목을 굳이 '심서心書'라고 한 이유를 한번 생각해보지 않을 수 없다. 머리말自序에 다산이 밝힌 심서의 이유는 "이 책은 본디 나의 덕을 쌓기 위한 것이지 꼭 목민하기 위해서만은 아니다… 목민할 마음만 있지 실행할 수 없기 때문에 이렇게 이름 한 것이다."라고 밝혔다. 본인의 덕 함양과 유배 상황이 心書의 실질적 사연이라는 말은 한없는 겸손일 뿐 책 내용이나 선생의 생애를 볼 때 이 책은 애민의 책이다. 마음을 쓴, 마음을 다한, 마음이 담긴 책. 그래서 心書다.
　下心과 心書, 이렇게 끈끈한 연결고리로 서정교 시인이 맺어놓은 것이다
　또 한가지 이 시조집을 손에 든 사람들이 간과해서는 안 되는 것이 있다.
　4부로 나뉜 각 부의 머리 제목이 모두 편지로 귀결 됐다는 점이다. 제1부 내게 보내는 편지, 제2부 아내에게 보내는 편지, 제3부 우리라는 이름으로 보내는 편지, 제4부 딸애의 편지이다.
　시인이 이렇게 정한 이유를 물으니 "편지라는 매체를 통해 소통하고 싶었다."고 했다.

　그런데 여기서 자연스럽게 떠오르는 것이 다산 정약용의 『유배지에서 보내는 편지』이다 정약용이 유배지에서 가족

과 친지, 제자들에게 보낸 편지를 모아 엮은 『유배지에서 보낸 편지』 200년 전 18년간 유배생활을 하면서 보낸 정약용의 편지가 오랜 세월을 견딜 수 있는 생명력은 어디서 오는 걸까? 유배지에서 아들과 제자들에게 보낸 이 편지글에는 자상하고 간곡한 아버지와 스승의 정이 넘치면서도 그 밑바닥에는 더 좋은 세상을 만들려는 뜨거운 의지가 용솟음치고 있다.

아들에게는 근검勤儉 두 글자를 유산으로 물려주겠다고 전한다. 이 두 글자는 좋은 밭이나 기름진 땅보다도 나은 것이니 일생 동안 써도 다 닳지 않을 것이라고 강조한다. 다산의 가르침은 부모가 자식을 대하는 자세, 형제간의 우애, 학문을 하는 방법 및 목적 등을 다시 한 번 되돌아보게 한다.

서 시인은 평소에도 다산을 닮으려는 노력을 하며 살아왔을 것이다. 그래서 이 시조집을 통해 『유배지에서 보낸 편지』가 담고 있는 의미를 자신의 시 세계와 접목시켜 무언으로나마 전해주고 싶었기에 편지로 귀결 시킨 것이다.

2.

이제 下心, 心書 그리고 편지로 연결된 작품들을 만나보자

> 끊임없이 밀쳐 올리는 시지프스 신화처럼
> 백사장을 쉼 없이
> 오르내리는 파도처럼
> 한순간

게으름조차
허락지 않게 하소서
— 「新 목민심서·4」 전문

악마가 사람을 타락시키는 첫걸음이 게으름과 교만한 마음을 넣어주는 것이라고 한다. 적당히 게으름 피우면서 "내가 누군데 감히?"하며 살아가는 삶은 참 여유 있어 보이고 당당해보일 수도 있다 그러나 그런 삶은 오래가지 못하고 무너진다는 것을 우리는 잘 알고 있다. 하지만 그런 사실을 깨닫고 자신을 돌아보며 사는 것은 무던히 어려운 일이며 무엇과도 바꿀 수 없는 소중한 삶이다. 서 시인은 그것을 알고 부단히 실천하려는 의지를 이 작품을 통해 보여주고 있는 것이다.

불길이 단 한 번도 같은 흔적 내지 않듯
수많은 조건에 따라
스러지는 것들에서
타기 전
온전한 모습
지켜내고 싶습니다.
— 「新 목민심서·25」 전문

숱한 시간 스스로를 담금질하며 쏟아낸
국민 + 안전 = 119
이 공식의 성립까지
끝없이
혁신하는 건
소방인의 약속이다.
— 「新 목민심서·8」 전문

이 두 작품 앞에서는 숙연함마저 느끼게 한다. "불길이 단 한 번도 같은 흔적 내지 않듯"! 수많은 화재현장을 목격해야 하는 서 시인은 그 안에서 스러지는 아픔을 느끼며 그것들의 원래 모습을 지켜내야 한다는 각오를 스스로 주문처럼 되뇌고 사는 사람이라고 생각된다. 그러기에

"숱한 시간 스스로를 담금질하며 엮어낸/ 국민 + 안전 = 119"라는 공식을 스스로 만들어 자신의 좌우명으로 삼은 것이다.

국민의 생명과 재산을 지켜내야 한다는 사명감으로 점철된 삶에서 나온 시이기에 읽는 이들로 하여금 숙연함을 느끼게 한다. 옛말에 "도둑이 들면 집은 남아도 불이 나면 재만 남는다고"고 했으니 화마의 위력을 더 말해 무엇하랴.

> 모두에게 눈높이로 말할 수 있는 용기와
> 어느 한 쪽 기울지 않는
> 중용의 그 품으로
> 행하는
> 일들로부터
> 떳떳하게 하소서
> ―「新 목민심서·7」 전문

모든 오해는 불통에서부터 시작된다. 그런데 모든 눈높이로 말할 수 있다면 불통에서 오는 오해는 사라질 것이고 서로서로 소통하는 사회가 되어 커다란 암 덩이가 제거된 사회가 된다. 그런데 그 일에는 용기가 필요하다. 때때로 우리는 직접 상관없는 일에 나서서 시비를 가리기를 꺼려한다. 용기가

없기 때문이다. 그러면서 적당히 합리화시킨다. 긁어 부스럼 만들어 뭐하느냐고…. 그러다보니 이 사회는 불통과 방관만이 판을 치고 어른들은 어른 노릇 한 번 제대로 못하고 눈앞에서 펼쳐지는 비행 앞에서도 비굴하게 눈을 돌리고 만다. 얼마나 떳떳하지 못한 일인가 감히 중용을 들먹일 처지나 될 만한가? 서 시인은 이런 사회의 한심한 작태를 보며 자신을 일깨워 채근하고 있는 것이다.

> 매를 견뎌 세상 시름 곱게 펴는 다듬이
> 헤진 등 골골마다
> 토해내는 그 가락은
> 한 평생
> 가슴으로 부른
> 어머니의 사랑가
> ―「新 목민심서 · 20」 전문

  몇 해 전 여름에 서 시인 모친께서 별세하셨다는 부음을 받고 시인의 고향에 찾아갔던 적이 있다. 그때 뵈었던 영정 사진과 빈소를 지키고 있는 서 시인과 누님이 참 많이 닮았다고 느끼며 서 시인의 시 한수가 떠올랐다. "젖꼭지를 물린 후/ 완숙한 직립까지/ 숨골을 뛰게 한 건/ 햇살 닮은 그 숨결/ 탯줄은 여태 그렇게 이어져 있었습니다." 첫 시집에 실린「어머니」라는 시의 두 번째 수이다.
  세상에 공짜가 쉬디 있겠는가. 세상의 시름 한 줄을 펴기 위해서도 모진 매를 견뎌야 한다.
  그런데 그 매를 견디게 하는 것이 어머니의 사랑이었던 것이다. 그 사랑은 탯줄에서 탯줄로 그렇게 이어져서 서로 울타리가 되고 서로 서로 닮은꼴로 서로를 견디게 하는 힘의 원천이 되는 것이다.

성인이 되도, 이 세상을 떠나는 순간까지도 잊혀지지 않을 어머니의 사랑!

> 더불어 살아가는 밑그림을 그립니다.
> 투명한 붓질마다
> 영롱한 삶의 색채
> 모두가
> 행복한 세상
> 눈물 없는 그런 세상
> ―「新 목민심서·30」 전문

개인의 이기주의가 판을 치는 이 세상에서 공직자라면 꼭 그려 봐야할 것이 "더불어 살아가는 밑그림"일 것이다. 그리고 다산 선생이 수도 없이 강조하고 수도 없이 그려본 그림이기도 할 것이고 좋은 세상을 꿈꾸는 사람이라면 한번쯤 그려 보는 그림일 것이다.

이 그림은 현실에서 이루어지든 이루어지지 않든 그린다는 것 자체가 귀한 것이고 희망적이다. 비리와 부정축재가 심심찮게 보도되어 정직하게 살아가는 사람들을 얼마나 많은 박탈감과 괴리감에 빠지게 하고 있는가. 그런데 투명한 붓질로 저마다의 색깔이 영롱하게 살아난 세상, 그래서 눈물도 없고 행복한 세상, 모두 함께 어우렁더우렁 더불어 살아가는 그런 세상이 와주길 간절히 소망하는 것은 서 시인의 꿈만이 아니고 우리 모두의 꿈이기도 하다.

> 아내는 지난 수년
> 원인 모를 가려움으로
> 손이 닿는 피부마다
> 생채기를 내고 있다.
> 나미는
> 등을 긁으며
> 눈시울이 뜨겁다.
>
> 목련 꽃망울을 다려
> 차로 마시면 좋다하여
> 가지를 늘어뜨려
> 한 움큼 따오는 날
> 봄 뺏긴
> 목련나무와
> 아내에게 미안했다.
> ―「목련 꽃망울 차茶·1」 전문

 세상이 하 수상하다보니 병도 원인 모를 병이 많아 대부분의 사람들이 고생을 많이 하고 있는 것이 우리들의 현실이다. 이런 현실 속에서 병이 하나이면 약은 백 가지라 더욱 혼란을 겪고 있다.

 곱상하니 여성스러운 시인의 아내가 손이 닿는 곳마다 긁어서 생채기를 내고 있다. 그것을 보고 있는 시인을 참으로 안타깝게 할 것은 당연하다. 시인은 이런 아내를 위해 뭔가 해주고 싶었을 참에 처방 하나를 얻었는데 그것은 목련꽃망울을 달여 먹이는 것이다. 별 생각 없는 사람들이라면 한없이 쉬운 일이다. 가지마다 흐드러지게 꽃망울을 달고 있는 나무에서 꽃망울 몇 개 따내는 것은 나무를 좀 편하게 해주는 것이 된다고 핑계 댈 수도 있겠지만 시인은 다르다. 꽃망울 몇 개 딴것을 목련나무가 봄을 뺏겼다고 표현하며 미안해하고 있다. 이런 마음이 바로 서 시인의 본심인 것이다.

> 만남의 처음과 끝은 뿌리 내릴 공간 찾기
> 수차례 빙하기와
> 그 뜨겁던 폭발 모두
> 허락된
> 사람과 사람
> 연을 맺으려 함입니다.
>
> 생의 앞 뒤보다는 살아가는 바로 지금
> 곁에 있어 행복한
> 울타리고 싶습니다.
> 흙으로
> 다시 가는 날
> 함께이고 싶은 이
> ─「흙이 되기까지」 전문

> 그에게 주어지는 저 표현의 자유
> 안면 근육 쉼 없이
> 도화지를 채워도
> 순간의
> 생각과 몸짓
> 채색되지 않습니다.
>
> 부부의 세월만큼 닮아가는 얼굴은

한 곳을 바라보며
서로를 닮기 때문
갈비뼈
하나가 엮은
고마운 인연입니다.
—「얼굴」 전문

   서 시인이 공적인 일로 가는 곳이 아니면 거의 아내와 함께 하는 모습을 보곤 한다. 그런 삶의 모습이 참 예뻐 보였는데 그렇게 함께할 수 있었던 이유가 위의 시 두 편에 잘 녹아있다.

   서 시인은 구약성서 창세기의 인간창조설을 인용하며 본인의 갈비뼈 하나가 아내라고 말하고 있다. 요즘 일부 여성들 쪽에서 이런 설에 반발들 하고 있다지만 나는 이보다 더 친밀하고 공감할 수 있게 표현할 수 있는 부부관계를 아직 알지 못한다.

   서로 다른 환경 속에서 서로 다른 가치관을 가지고 자아가 다 형성되어 만난 두 사람이 어떻게 단번에 서로를 이해하고 사랑하며 포용할 수 있겠는가, 수도 없이 싸우고 갈등하고 삥하기와 폭발을 거듭하며 함께해온 세월만큼 닮아가는 것이라고 시인은 자신의 경험을 말하고 있다. 생의 뒤보다도 다가올 미래보다도 "살아가는 바로 지금/ 곁에 있어 행복한/ 울타리고 싶습니다/ 흙으로/ 다시 가는 날/ 함께이고 싶은 이"라고 고백하고 있다. 이쯤 되면 시인의 아내로 사는 것도 자랑스럽고 행복하리라. 비록 물질의 풍요로움을 마음껏 채워주지는 못한다하더라도……

    한참을 돌아서 만난 초등학교 동무와 달리
    책걸상 운동장은
    왜 이리 작은 걸까
    한없이
    크기만 했던
    그때 꿈 지금 어디

    작아지는 것들에 대한 슬픔이 복받쳐도
    선뜻 나서지 못하는
    끝 모를 두려움으로
    자꾸만
    곱씹어 보는
    마음의 착시현상
     ─「작아지는 것들에 관한 슬픔」 전문

 지천명을 넘긴 나이에 초등학교 동창들이란 의미가 좀 별나다. 그 동창들과 만나면 자신들도 모르게 어린 시절로 돌아가게 된다. 순수함 속에 꿈만은 컸던 시절, 대통령이 꿈이라는 친구가 한 반에 몇 명씩이나 되던 그 순진무구하던 시절의 동무들! 그러나 그 꿈을 키우던 교정에 다시 서면 왜 그리도 교정은 좁아 보이는지.
 시인은 작아지는 것에 대한 슬픔에 복받쳐 있다. 살면서 이런 슬픔에 직면하지 않을 수 있다면야 좋겠지만 어쩔 수 없이 마주하게 되는 이 슬픔은 어쩌면 인간이면 거의 모두가 겪어야 할 것이다. 자신이 부모님보다 훨씬 큰 뒤 부모님의 왜소함을 보며, 그리고 자꾸만 자식에게 기댈 수밖에 없는 부모님을 보며 느끼는 슬픔, 더 시간이 흐르면 자신의 자식들이 홀

쩍 크고 자신은 늙어 의지 하고 싶은 자식에게로 다가가고 있는 자신의 초라함, 아무리 재산이 많아도 늙으면 자손들에게로 마음이 향하는 것이 인지상정인 것을 어쩌랴.

하지만 이런 정서들을 넘어서서 서 시인은 착실히 자신을 닦아 어릴 때의 꿈을 어느 만큼 이룬 사람 중에 한 사람이라고 믿는다.

인간의 정신작용은 정서적 영역과 관념적 영역으로 나누어 볼 수 있다. 정서적 영역이 우연에 좌우되는 초 논리의 차원이라면 관념적 영역은 논리적인 사고를 필요로 하는 이성적 차원이라고 할 수 있다. 위의 시와 같이 관념을 소재로 하는 시는 관념어를 직접적으로 노출하게 되면 예술성이 떨어지고 속되 보인다 그러나 서 시인은 이미 그것을 잘 알고 있었다.

    어쩌다 마주치면 눈 둘 곳 없는 어색한 사이
    궁금증을 잃은 뒤
    앓고 있는 후유증이다.
    그 많은
    옆집 속에서
    이웃 없는 상실의 시대
    떡 접시로 손 내밀던 아스라한 기억들
    벽은 우리가 세운
    두려움의 보호막
    허전한
    곁이 되어 줄

이웃 찾아 나선다.
―「옆집」전문

최근 '혼밥'이라는 새로운 속어가 등장했다. 요즘 젊은이들이 혼자서 밥 먹는 행위를 지칭하는 말이다. 함께 밥을 먹을 사람들이 없거나 함께 밥을 먹을 필요성을 못 느끼는 청년층이 그만큼 많다는 의미이다. 가난하고 외로운 도시 젊은이들의 세태를 상징하는 말이기도 할 것이다.

그러나 지금의 한국사회는 유사 이래 가장 부유하고 풍요로운 삶을 살고 있다. 장년층은 노후가 불안하고 청년들은 일자리가 없어 고통 받고 있다고 하지만 다수 한국인들이 누리는 물질적 생활은 가히 세계 최고 수준이다. 올 여름 휴가철에는 5백만 명이 인천공항을 통해 해외로 피서여행을 떠났다고 한다.

그럼에도 대부분의 한국인들이 유독 힘들게 살아가는 영역이 있다. 바로 이웃과의 관계이다. 대부분 이웃공동체 혹은 지역공동체와는 유리된 채 살아가고 있기 때문이다. 그래서 안락하고 풍요로운 자신의 아파트 거실을 나오는 순간부터 긴장된다. 자기 주변에 믿고 의지하고 살아갈 이웃들이 없다보니 집주변에서 만나는 사람들은 모두 낯선 사람들이고 의심하고 경계해야할 사람들이다. 이웃은 편안한 친구가 아니라 낯선 이방인들이 되어버린 것이다.

이웃과의 교류가 활발하던 시절의 풍습 중 하나가 이웃과 음식 나눠먹기와 함께 먹기였다. 지금처럼 버리는 음식이 넘쳐나는 시절이 아니라, 봄이면 양식이 떨어져 보릿고개를 힘들게 넘어야하던 시절의 풍습이다.

지금보다 훨씬 어렵던 시절에도 우리의 선조들은 이웃과 음식을 함께 나누어 먹으면서 개인과 공동체의 조화를 이루어왔다. 그러나 '풍요속의 고립'된 삶을 살고 있는 요즘 사람들에게 서 시인은 교훈을 던지고 있다.

서 시인은 시가 전달하고자 하는 교훈도 시적 정서화의 과정과 형상화의 과정을 반드시 밟아야만 한다는 것을 알고 있다. 그리고 시적 정서화와 형상화를 통해서만이 시가 전달하고자 하는 교훈은 더욱 효과적으로 이루어질 수 있는 것도 알고 있었기에 빚을 수 있는 시이다.

> 해종일 쬐는 햇볕 그냥 두기 아까워
> 자투리 땅 이랑 일궈
> 꿈을 심는 사람들
> 씨감자 싹을 틔워서 더불어 살고자 함입니다.
>
> 단순한 농작물이 아닌 소박한 사랑입니다.
> 그 바쁜 소방의 24시
> 투박한 손 짬을 내
> 청산 뜰 환하게 피운 색색의 저 감자꽃
>
> 토실토실한 씨알이 꽃을 지워 자라고
> 아낌없이 주는 땅
> 그 마음으로 캐내어
> 소외된 이웃들에게 광주리 채워 보냅니다.
> ─「텃밭을 가꾸며」전문

한국사회의 일상의 풍경은 미하엘 엔데의 소설 속의 '모모'가 살던 마을의 모습과 몹시 닮아 있다. 어느 날 모모가 사는 마을에 시간저축은행에서 근무하는 회색신사들이 찾아온다. 회색신사들은 단정한 모습으로 마을 사람들을 찾아와 단호하게 말한다. 당신들은 지금 시간을 낭비하고 있으니 저축하라고. 저축하면 은퇴 후에 이자를 쳐서 돌려주겠노라고. 확신에 찬 그들의 말에 당황한 마을 사람들은 어떻게든 시간을 낭비하지 않기 위해 차 마시는 시간을 줄이고, 친구를 찾아가는 시간을 줄이고, 나이 드신 어머니를 돌보는 시간을 줄이고, 아이들과 놀아주는 시간을 줄여가며 시간저축은행에 꼼꼼하게 저축을 했다. 그렇게 마을 사람들의 삶은 속도와 효율성을 최대의 목표로 채워졌으며 이제 마을에서는 그 누구도 어느 누구와 눈빛을 마주치지 않고, 귀를 기울이지 않으며, 느긋하게 미소지어주지도 않게 되어버렸다는 것이다. 미하엘 엔데의 묘사가 얼마나 적절한가.

이런 사회의 소용돌이 속에서도 "자투리 땅 이랑 일궈/ 꿈을 심는 사람들/ -중략- 그 바쁜 소방의 24시/ 투박한 손 짬을 내" 토실토실하게 영근 감자를 캐서 소외된 이웃들에게 보내는 광경은 신뢰가 가고 든든하기 이를 데 없다.

우리가 살아가며 정서와 현실은 명확하게 분리할 수 없으나 정서는 현실을 기반으로 하고 있으므로 현실을 정확히 인식하고 예술적으로 형상화해야 한다. 위의 시처럼 현실을 소재로 하는 경우 객관적으로 현실을 인식하는 것도 필요하지만 현실을 움직이고 있는 본질적인 원동력이 무엇인가 파악

해 내서 예술적으로 형상화 하는 능력이 필요한데 서 시인은 이런 것들을 갖춘 시인이다.

 서 시인의 지역 사랑도 남다르다. 지역의 곳곳에 있는 명소들을 다룬 詩도 여러 편이 눈에 띄는데

* 백제 장인의 망치질 소리가 들리는 곳 - 진천군 덕산면 석장리 백제 제철소

* 진천군 덕산면 옥동리 연꽃방죽에서 나눈 이야기 - 이심전심 (以心傳心)

* 진천군 덕산면 용몽리 농요전수관에서 - 오늘날 한류의 근원을 찾아서

* 영화 '명량' 그 벅찬 감동을 찾아서 - 진천군 덕산견 이영남 장군 묘

 등등을 들 수 있다. 진천이라는 지역에 살면서 이 지역의 곳곳에 산재한 소재들을 작품들로 승화시켜 지역사랑을 대변하고 있다. 그중에 한편을 보자.

> 남보다 앞서 깨우친 학문이
> 외려 업보로 다가왔다.
> 을사오적 처단 상소
> 헤이그 특사의 그 좌절
> 선생의
> 마지막 선택

후학 양성 독립운동

근대 수학의 아버지가
태어나신 산직마을
머나 먼 동토의 땅에서
교육으로 뿌린 씨앗
오늘날
경제의 기적
그 열매를 맺으신 이
우리나라 근대 수학의 아버지
　-「진천군 진천읍 산척리 이상설 생가」 전문

위의 작품은 보재 이상설 선생에 대한 이야기를 다루고 있다. 선생이 우리나라 마지막 과거시험에서 장원급제를 하고 관료로 입문한 뒤 국운이 기울어 당해야했던 치욕과 좌절을 어찌 우리들이 감히 잘 알고 있다고 말할 수 있을까.

선생은 사재를 다 털어 후진양성과 독립운동에 아낌없이 쏟아부어 주시고 1917년 3월 2일 48세의 나이로 망명지인 연해주 니콜리스크에서 서거했다. 그리고 마지막에는 '나라의 독립을 이루지 못하고 죽는 죄인이니 몸은 화장하고 유품 하나도 남기지 말고 제사도 지내지 말라'는 유언을 따랐던 까닭에 그분에 대한 중요한 자료들을 모으는데 어려움을 겪고 있는 실정이었다.

그런데 선생에 대한 관심이 날로 더해져서　지난 봄에 충청북도 진천군 산직마을에 위치한 숭렬사崇烈祠에서 보재 이상설 선생 순국 99주기 추모회가 열렸다. 충효의 고장인 바로 우리 고장이 낳은 자랑스러운 독립운동가인 이상설 선생의 유훈을 계승하고 기리고자 충청북도와 진천군과 이상설선생기념사업회가 2017년 이상설 선생 순국 100주기에 맞추어 기념관 건립공사를 마치고 2018년 상반기 개원을 목표로 하고 있다.

여기에서 주목해야 할 것은 이런 일련의 움직임들이 있기 전에 서 시인은 선생에 대해 애착을 가지고 그분을 기리는 시를 써 놓았다는 것이니 시인의 역할이 부각되는 대목이다.

서 시인은 이렇게 지역에서 잊혀져서는 안 될 중요한 일들을 챙기고 있었던 것이다

3.

시인들은 왜 시를 쓰는 것일까? 라는 물음은 시란 무엇인가? 라는 물음만큼이나 복잡할 것이다. 그러나 한 가지 분명한 것은 시인들이 시를 쓰는 데는 시의 효용론적 관점이 빠질 수는 없다고 본다. 이런 관점을 기저에 깔고 쓴 시의(문학 작품)의 완벽한 해석은 생산론, 반영론, 수용론, 구조론의 어느 한 관점을 단순히 적용함으로써 이루어질 수는 없다. 인간의 모든 면을 다루고 있는 문학의 세계는 어느 하나의 관점으로 설명될 수 없을 만큼 깊고도 복잡하기 때문이다.

하여 서 시인의 작품을 평하기에 앞서 심도 깊게 살펴보고 가능한 한 다각도에서 총체적으로 접근하려고 했다. 문학 작품을 감상할 때 작품의 특성에 맞게 상대적으로 수용, 결합시

킴으로써 독자들의 작품 이해의 폭을 넓힐 수 있다고 믿기 때문이다.

그러나 독자가 문학 작품을 읽는 것은 세계를 더욱 깊게 이해하고자 하는 것인데 독자는 백지의 상태에서 작품을 받아들이는 것이 아니라, 자신의 경험과 지식을 바탕으로 이를 받아들인다. 즉, 독자는 작품을 매개로 작자의 체험과 자신의 경험을 교섭시키는 것인데, 이 과정에서 독자는 작품 해석의 주체로 자신의 경험 세계를 확장하고 수정해 나갈 것이며, 이를 통해 작품의 의미 또한 새롭게 생성될 것이다.

그리고 서로 다른 사물들 사이에서 동일성을 찾아내는 것은 복잡한 현실을 관조할 수 있는 눈으로부터 비롯된다. 그러나 그 차이성을 몰각할 때 현실을 쉽게 초월하려는 낭만적 꿈으로 변할 수 있다. 그러므로 시인은 그 차이성을 망각하지 않으면서도 그것을 넘어선 세계를 찾아나서는 끊임없는 긴장 속에서 살아야 한다. 그것만이 자신을 기만하지 않는 길이며 독자로부터 공감을 얻을 수 있는 길이다.

4.

4부에 실린 딸아이가 보낸 편지는 언급하지 않기로 했다. 가능성이 무한한 어린 소녀의 작품을 지금 언급했다가는 약이 될 수도 있겠지만 독이 될 수도 있다고 판단했기 때문이다. 무한히 열려있는 가능성 앞에 무엇에도 매이지 말고 상상의 나래를 펼 수 있길 바란다.

다만 한 가지 말해주고 싶은 것은 글이란 체험과 사색의 기록이 있어야 한다. 그리고 체험과 사색에는 시간이 필요하다. 급하다고 암탉의 배를 가르고 생기다 만 알을 꺼내는 것은 얼마나 어리석은 일인가.

고이지 않은 생각을 밖으로부터의 압력에 눌려 짜내면 자연히 글의 질이 떨어진다. 때로는 필을 놓고 조용히 기다렸다가 하고 싶은 말이 넘쳐흐를 때 필을 다시 들자.

그러나 자극을 갈망하는 독자나 신기한 것을 바라는 독자의 심리에 맞추어 인기를 노리고 필을 들지는 말자. 이것은 자기 자신을 타락의 길로 몰아넣는 것이다.

글은 꼭 독자들의 칭찬을 받을 필요는 없다. 그러나 여러 사람이 읽고 이해하고 공감할 수는 있어야 한다. 그러므로 현학적 허세로 자신을 과시하거나 스스로 허영에 빠지지는 말자.

글을 쓰는 일은 무엇보다도 자신이 즐거워야 한다. 욕심을 내려놓고 많이 읽고 많이 생각하고 많이 쓰고 다듬으며 그 과정에서 행복을 느낄 줄 아는 참된 작가로 성장하길 바란다.

이든시인선 002

하심 下心

2016년 10월 07일 초판 1쇄 발행

지 은 이 | 서정교
펴 낸 이 | 이영옥
펴 낸 곳 | 도서출판 이든북
등록번호 | 제2001-000003호

주　　소 | (우34625)대전광역시 동구 태전로 43-1
　　　　　 (중동. 의지빌딩) 201호
전화번호 | (042)222-2536
팩시밀리 | (042)222-2530
전자우편 | eden-book@daum.net

ⓒ 서정교. 2016

ISBN 979-11-958684-3-8　03810

값 9,000원

* 이 책은 한국문화예술위원회, 충청북도, 충북문화재단의 지역협력형 사업으로 지원받아 발간되었습니다.

* 잘못된 책은 바꾸어드립니다.
* 지은이와의 협의에 의해 인지는 생략합니다.